Reinhart Bel

Oh, dieses Chinesisch!

So schreibt ein Fünftel der Menschheit

Einladung zu einem Blick in die chinesische Schrift

Band 9 aus der Reihe

Fremdsprech

Oh, dieses Chinesisch

Alle Informationen, schriftlich und zeichnerisch, wurden nach bestem Wissen zusammengestellt und überprüft. Sie waren korrekt zum Zeitpunkt der Recherche.

Der Autor und der Verlag sind für Lesertipps und Verbesserungen (besonders als E-Mail oder auf Diskette) unter Angabe der Auflagen- und Seitennummer dankbar.

Leser, deren Einsendung verwertet wird, werden in der nächsten Ausgabe genannt und erhalten als Dank ein Exemplar der neuen Auflage oder ein anderes Buch ihrer Wahl aus dem Programm des Verlags.

Oh, dieses Chinesisch!

ISBN 3-89392-409-4 1. Auflage 2005

® FREMDSPRECH ist eine eingetragene Marken für Bücher des Conrad Stein Verlags

Dieses Buch wurde konzipiert und redaktionell erstellt vom
Conrad Stein Verlag GmbH, Postfach 1233, 59512 Welver,
Dorfstr. 3a, 59514 Welver, ☏ 02384/963912, FAX 02384/963913,
info@conrad-stein-verlag.de,
http://www.conrad-stein-verlag.de

Unsere Bücher sind überall im wohl sortierten Buchhandel und in cleveren Outdoorshops in Deutschland, Österreich und der Schweiz erhältlich.

Auslieferung für den Buchhandel:

D Prolit, Fernwald und alle Barsortimente

A freytag & berndt, Wien

CH AVA-buch 2000, Affoltern und Schweizer Buchzentrum

I Mappa Mondo, Brendola

Text: Reinhart Behr
Herausgeberin: Rotraut Bieg-Brentzel
Titelbild: Jan Düsedau
Lektorat und Layout: Ulla Ackermann
Gesamtherstellung: Holterdorf, Graphische Betriebe, 59302 Oelde

Dieses Buch hat 48 Seiten. Es wurde der Umwelt zuliebe auf chlorfrei gebleichtem und 100% recyceltem Papier gedruckt.

004900

Inhalt

Über den Autor

Reinhart Behr ist im Dezember 2003 verstorben. Der gebürtiger Berliner war mit einer Dänin verheiratet und lebte viele Jahren auf Fünen.

In seiner Freizeit galt sein Interesse neben anderen Aktivitäten besonders der Beschäftigung mit chinesischen Schriftzeichen.

Die Herausgeberin

Rotraut Bieg-Brentzel war Lehrerin an verschiedenen Berliner Schulen. Von 1979 bis 1982 lebte sie in China. Dort arbeitete sie in Kanton und Shanghai als Dozentin für Deutsch als Fremdsprache. Während dieser Zeit beschäftigte sie sich mit der chinesischen Sprache und Schrift. Sie unterrichtet Chinesisch in Arbeitsgemeinschaften an Schulen.

Danke

Durch ihre mühevolle Arbeit hat Rotraut Bieg-Brentzel die Herausgabe des Büchleins meines Mannes ermöglicht. Von Herzen Dank.

Anne Behr

Vorwort

Zur Zeit der Studentenbewegung kam ich am Sinologischen Institut der Freien Universität Berlin vorbei. Aus einem Fenster hing ein riesiges Tuch, auf dem sich nur ein chinesisches Schriftzeichen befand 自. Ein freundlicher Student erklärte mir, dass das Zeichen *selbst* bedeute. Er habe mit anderen Studenten das Institut besetzt. Sie wollten erreichen, dass nicht mehr die Autoritäten ihren Studiengang bestimmten, sondern die Studenten selbst. Das ließ mich darauf zurückblicken, wann in unserer Kulturgeschichte der Begriff *selbst* auftauchte.

Die Humanisten wollten die Ideenwelt der Antike, darunter auch die Worte Jesu, nicht durch zeitgenössische Autoritäten vermittelt bekommen, sondern im Selbst-Studium an die Quellen der Antike herankommen. Luther förderte dies mit seiner Übersetzung der Bibel ins Deutsche. Jedermann sollte selbst den Inhalt der Bibel lesen und beurteilen können.

Mein Zugang zum Begriff *selbst* war ein ganz anderer. Ich war Lehrer für Mathematik und Physik an einem Gymnasium. Für mich war Aufgabe der Physiker, Aussagen über die *Natur* selbst zu kontrollieren. Darüber hinaus sollten die Lehrer der Physik die Schüler befähigen, selbst die Naturgesetze auf ihre Richtigkeit zu überprüfen.

Das Erlebnis vor dem Sinologischen Institut führte mich aber dazu, nun auch selbst die aus China damals zu uns gelangenden Aussagen lesen und beurteilen zu wollen. Ich unterschätzte jedoch bei weitem die Schwierigkeiten hierbei. Erst Jahre der nebenberuflichen Beschäftigung mit der chinesischen Schrift verhalfen mir zu einem allmählichen Verständnis. Von großer Hilfe waren mir Quellenhinweise und Anregungen durch Lutz Bieg, Professor der Sinologie an der Universität Köln. Er hat mehrere Jahre in China verbracht. Dasselbe gilt für Rotraut Bieg-Brentzel. Ihr ist es gelungen, vielen

Schülern ein Interesse an China und seiner Sprache zu vermitteln. Mehrmals, bis in die Gegenwart, hat sie mit ihren Schülern China besucht. Rotraut Bieg-Brentzel gilt mein besonderer Dank für die geduldige inhaltliche und technische Beratung bei der Anfertigung dieses Büchleins.

Das moderne China nimmt begierig Impulse von außen auf, ja führt sie auch selbst weiter. Dennoch ist es in vielem noch geprägt durch Züge seiner uralten Kultur. Dies erklärt sich nicht zuletzt durch die seit rund 1.800 Jahren unveränderte Schrift als Bindeglied. Kulturgeschichtlich ist dies wohl einmalig. Bücher über China behandeln oft das besondere Verhältnis der Chinesen zu Natur und Kosmos, vom einfachen Bauern bis zum Gelehrten.

Manche Bücher gleiten dabei in geschwätzige Esoterik. Stets lassen sie den Leser mit der Frage zurück: Warum verhinderte so viel Weisheit nicht schwere Krisen, innere Kriege und geistige Verirrungen, von denen die "Große proletarische Kulturrevolution" jüngstes Beispiel ist? Darauf wird hier bewusst nicht näher eingegangen. Im Vordergrund stehen vielmehr zwei Fragen:

- Wie gelingt es, in der chinesischen Schrift, moderne Begriffe - etwa aus Technik und Naturwissenschaft - zu beschreiben?
- Worin unterscheidet sich die Entwicklung der chinesischen Schrift von der unserer Schrift?

Der Leser möge nicht vergessen, dass ich mich mit der chinesischen Schrift nur nebenberuflich beschäftigen konnte. Allen, die von gründlichen Kennern mehr erfahren möchten, seien zwei Bücher empfohlen:

- Li Leyi: Entwicklung der chinesischen Schrift am Beispiel von 500 Schriftzeichen (Verlag der Hochschule für Sprache und Kultur, Beijing, Zweiter Nachdruck 2001)
- Edoardo Fazzioli: Gemalte Wörter. 214 chinesische Schriftzeichen - vom Bild zum Begriff (Fourierverlag Wiesbaden, 5. Auflage 1991)

Wie ist der Schriftzug des Titels aufgebaut?

Der Schriftzug besteht aus zwei Schriftzeichen. Wie die meisten Schriftzeichen besteht jedes aus einem Radikal und Zusätzen. Das Radikal eines Schriftzeichens gibt dessen allgemeinen Bezug an. Radikale sind ein wichtiges Ordnungszeichen für chinesische Wörterbücher. Es gibt insgesamt 214 Radikale. Ein Radikal lässt manchmal noch seine Entstehung aus einem Bild erkennen.

Im ersten Schriftzeichen ist das Radikal 雨. Es bedeutet *Regen*. Man kann es sich leicht merken, weil es an einen Blick aus dem Fenster auf fallende Regentropfen erinnert. Dies ist aber eine moderne Interpretation. Ursprünglich wurde dieses Zeichen so geschrieben [illegible] und bedeutete das Himmelsgewölbe mit von ihm fallenden Regentropfen.

Viele Schriftzeichen, deren Sinn in irgendeinem Zusammenhang mit Regen oder - im weiteren Sinne - Wetter steht, wie etwa Schnee, Wolke und Regenbogen, enthalten dieses Radikal. So bedeutet auch das volle erste Schriftzeichen, 電, ein Wetterphänomen, nämlich *Blitz*.

Im Folgendem erhielt das Schriftzeichen dann auch den Sinn *Funke, elektrische Entladung*, überhaupt *Elektrizität*. So ist es heute meist gemeint.

Eine entsprechende Entwicklung ist uns nicht fremd. Bereits in der Antike waren zwei Arten von Körpern bekannt, die Kräfte ausüben:

♦ Gewisse eisenhaltige Körper, die anderes Eisen anziehen. Solche Körper wurden nach ihrem Fundort Magnesia in Kleinasien Magnete genannt, ihre Kraft magnetisch.

♦ Bernstein zieht - wenn er an Stoff gerieben wird - Stofffäden an. Im Griechischen hieß - und heißt noch heute - Bernstein Elektron. Die hier auftretende Kraft nannte man daher elektrisch, und so auch alle auf dieser Kraft beruhenden Erscheinungen.

Es zeigt sich hier bereits ein Vorteil der chinesischen Schrift. Hört bei uns jemand ohne physikalische Kenntnisse das Wort Galvanometer, so bleibt ihm sein Zweck offen. Misst das Instrument vielleicht gewisse Größen auf rein mechanischem Wege, etwa die Dichte einer Flüssigkeit?

Im Chinesischen wird Galvanometer durch 電 波 表 (Elektrizitätswelle Messgerät) wiedergegeben. Durch das erste Schriftzeichen ist bereits der Bezug zur Elektrizität erkennbar.

Im zweiten Schriftzeichen auf der Titelseite 電 話 tritt das Radikal 言 auf, das seinerseits das Zeichen für Mund 口 enthält. Es bedeutet *sprechen* oder *Wort*.

Auch dieses Zeichen kann man sich leicht als ein Bild merken, nämlich als das eines Mundes mit heraustretenden Schallwellen. Dies ist jedoch wieder eine moderne Interpretation. Gemeint war ursprünglich ein Mund mit heraustretendem Atem.

Das gesamte zweite Schriftzeichen im Titel bedeutet auch *sprechen.* Beide Schriftzeichen zusammen bedeuten damit *Elektrizität - sprechen,* genauer: Ein Gerät, um mit Hilfe der Elektrizität miteinander zu sprechen.

Auch in Deutschland kann man an größeren Kiosken chinesische Zeitungen erwerben. Hier der Kopf der in Hongkong herausgegebenen Zeitung *Sing Tao Ribao,*

Das ist eine Tageszeitung mit acht internationalen Ausgaben für Chinesen im Ausland. Darunter ist auch eine für Europa, die man bei uns kaufen kann.

電話：0121 569 5412

Dies ist aus einer Annonce in der Zeitung. Den Schriftzug Telefon vor der Telefonnummer des Geschäfts kennen wir schon.

Unser Wort *Telefon* geht auf das Altgriechische zurück. *Tele* bedeutet fern und *phone* Stimme. Das Telefon ist somit ein Gerät zur Fernübertragung einer Stimme.

Um 1900 betrieb man in Deutschland einen eifrigen Kampf gegen Fremdwörter und schlug daher für Telefon das Wort Fernsprecher vor. In der Zeit des Nationalsozialismus wurde die Post verpflichtet, nur noch das Wort *Fernsprecher* zu verwenden.

In der Umgangssprache blieb es jedoch beim Telefon, obwohl die Post auch nach 1945 noch am Fernsprecher festhielt. Entsprechend wurde um 1900 gefordert, das Wort Telegramm durch *Drahtbericht* zu ersetzen. Dieses Wort wurde aber so wenig akzeptiert, dass man auf seine Durchsetzung per Verordnung verzichtete.

In zwei europäischen Ländern versucht man noch heute, dem Einfluss von Fremdwörtern entgegenzuwirken. In Frankreich muss statt Computer das Wort *ordinateur* (Ordner) benutzt werden, in Island *tövlar* (Zähler).

Im Chinesischen kann eine Bedrohung durch Fremdwörter, d. h. fremde Laute, gar nicht auftreten, da die Schrift ja nicht Laute, sondern Begriffe wiedergibt.[1]

Fassen wir zusammen, was wir am Schriftzug für Telefon erkannt haben:

Die chinesischen Schriftzeichen geben nicht Laute, sondern Begriffe wieder. An den auftretenden Radikalen lassen sich - meist - die Bezüge erkennen.

Welche Vorteile und Nachteile hat die chinesische Schrift gegenüber unserer?

Im riesigen chinesischen Reich werden verschiedene Dialekte gesprochen, so verschieden, dass etwa ein Südchinese einen Nordchinesen im Gespräch kaum versteht. Dennoch können sich Chinesen durch ihre Schrift verständigen. Freilich setzt dies die Kenntnis der Schrift voraus. In Ost- und Südostasien setzte China lange die Maßstäbe für Kultur. Gebildete in Japan und Indochina beherrschten daher die chinesische Schrift, bis ins 20. Jahrhundert hinein.

Vergleichbares gab es in Europa vom Mittelalter bis ins 19. Jahrhundert. Gelehrte verständigten sich zumeist in Latein und publizierten auch darin. Dies setzte jedoch - anders als in Asien - die Beherrschung einer Fremdsprache, eben des Lateinischen, voraus. Der Masse war diese Sprache verschlossen, so wie in China die Schrift.

Bis zur Machtübernahme durch die Kommunisten 1949 verfügten die meisten Menschen nur über Kenntnisse weniger Schriftzeichen. Die Anzahl der beherrschten Schriftzeichen war bis zum Sturz der Monarchie 1911 ein Maßstab für ein Aufsteigen in der Hierarchie der Beamten. 1949 wurde erwogen, die Begriffsschrift durch eine Lautschrift abzulösen, um ein rascheres Erlernen der Schrift und damit einen leichteren Anschluss an die technisch weiter entwickelten Länder zu ermöglichen. Brauchte man doch dann nur etwa dreißig Schriftzeichen. Vorgeschlagen wurde eine auf den Peking-Dialektik gestützte Lautschrift. Dies wurde jedoch schließlich verworfen, wegen der vielen gleichlautenden Silben. Außerdem befürchtete man

Probleme mit all denen, die andere Dialekte sprachen.[2] Von einem chinesischen Schüler wird bei Schulabschluss die Beherrschung der heute meist gebräuchlichen 3.000 Schriftzeichen - von insgesamt etwa 40.000 - verlangt. Das frühe Training hierzu mag auch die große Ausdauer und Sorgfalt erklären, für die Chinesen und Japaner u. a. im Kunsthandwerk bekannt sind.[3]

Wie stark sich die Dialekte im Süden und Norden Chinas unterscheiden, sei am Wort *Tee*, Schriftzeichen, 茶 illustriert. Es wird im Süden *te* gesprochen. Tee, der auf dem Wasserwege um Südasien herum nach Europa gelangt, heißt daher bei uns Tee, in den anderen Sprachen Westeuropas ist es ähnlich.

Im Norden Chinas hingegen lautet die Aussprache *cha*. Der von dort aus auf der Seidenstraße nach Europa gelangte Tee heißt daher in den slawischen Sprachen ähnlich, nämlich Tschai, im Russischen Чай geschrieben. Wer in der DDR aufgewachsen ist, kennt oft noch die kleinen Dosen aus der Sowjetunion importierten Tees mit dieser Aufschrift.

Würde man überall die chinesische oder eine andere Begriffsschrift einführen, könnten alle Völker sich schriftlich sofort verständigen. Der Philosoph Leibniz schlug dies bereits vor etwa 300 Jahren vor.

Wie entstand und entwickelte sich die chinesische Schrift?

Wie erkannt, lässt ein Schriftzeichen oft noch die Entstehung aus einem Bild erkennen. Hier werden mehrere solche, die als Einzelschriftzeichen und meistens auch als Radikale vorkommen, vorgestellt.

In der ersten Spalte ist eine der ursprünglichen Formen angegeben, daneben ihre - meist noch erkennbare - bildliche Bedeutung. In der dritten Spalte steht dann die hieraus entstandene heutige Form. Einige Zeichen treten als Radikal auch in einer vereinfachten Form auf. In der letzten Spalte ist schließlich deren Bedeutung angegeben, die auch oft noch eine bildliche, häufig aber bereits eine rein begriffliche ist.

Frühere Formen	Bildliche Bedeutung	Heutige Form, vereinfachtes Radikal	Bedeutung
	Mensch	人 亻	Mensch
	Mensch mit ausgestreckten Armen	大	Groß
	Sandkörner, die für kleine Dinge stehen	小	Klein

Fließendes Wasser
水 氵
Wasser
Erde
土
Erdhaufen
Feuer
火 灬
Feuer
Luftströmung
氣
Luft
Feld und Pflug
男
Mann
Frau, kniend
女
Frau
Wickelkind
子
Kind
Linien der Handfläche
手 扌
Hand
Mund
口
Mund
Mund mit austretendem Atem
言
Wort, sprechen

 Auge	目	Auge
 Mensch mit weit geöffnetem Auge	見	Sehen
 Messer, unten Klinge, oben Griff	刀 刂	Messer
 Sonne, Bewegung, Ausdehnung	風	Wind
 Äste und Wurzeln	木	Baum
 Pferd mit länglichem Kopf	馬	Pferd
 Hellebarde	戈	Speer
 Fahnenstange in der Mitte	中	Mitte
 Oben, der untere Strich bedeutet Horizont	上	Oben, hinauf

Bedeutung der alten Form	Zeichen	Bedeutung
 Unten, der obere Strich bedeutet Horizont	下	Unten, herab
 Himmel über dem Scheitel des Menschen	天	Himmel
 Aus dem Himmel fallen Regentropfen	雨	Regen
 Sonne	日	Sonne, Tag
 Mondsichel	月	Mond, Monat
 Kerzenflamme	白	Licht, deutlich

Die ältesten Zeichen fand man als Einritzungen auf Knochen etwa 1300 v. Chr. Eine Vereinheitlichung der Schriftzeichen geschah ca. um 200 v. Chr. unter Kaiser Qin shi huang di. Um die Einmeißelung in Stein zu erleichtern, wurden runde Linien durch eckige ersetzt, wie mehrere der obigen Beispiele zeigen.

Unter der *Han*-Dynastie um 200 n. Chr. gab man den Schriftzeichen die Form, welche noch heute besteht. Man spricht von der *Normal-Schrift*. Die Erfindung des Buchdrucks in China um 350 n. Chr. förderte die Verbreitung der Schrift.[4]

Die chinesischen Schriftzeichen wurden lange von oben nach unten geschrieben. Auf eine Spalte folgte die nächste links davon. Einige chinesische Bücher beginnen noch heute mit der - für uns - letzten Seite und geben die Schriftzeichen spaltenweise wieder.

Der Computer ermöglicht die Sendung chinesisch geschriebener Texte überall hin. Hierzu ist jedes Schriftzeichen mit einer Nummer im Dualsystem versehen. Statt der Schriftzeichen gelangen nur diese Nummern zum Empfänger. Dieser benötigt einen Decoder, der die Nummern wieder in die chinesischen Schriftzeichen verwandelt.[5]

Auch heute wird in China noch die Handschrift gepflegt. Sie drückt die Persönlichkeit des Schreibers aus, ist aber wegen der meist lockeren Pinselführung schwer lesbar. Chinesische Bilder sind oft mit einem handgeschriebenen Gedicht und einem Siegel des Malers - in rot - geschmückt.

Die Zeitung der kommunistischen Partei Chinas ist 人 民 日 報, ausgesprochen *Renmin Ribao*, zu Deutsch "Volkszeitung". Der Kopf der Zeitung ist bis heute die handschriftliche Ausführung des Zeitungsnamens durch Mao Zedong.

Die handschriftliche Wiedergabe chinesischer Zeichen wird auch bei uns wegen des künstlerischen Ausdrucks als Kalligraphie (griech. Schönschrift) gepflegt, oft ohne Kenntnis der Bedeutung der Zeichen. Die Zen-Buddhisten

- besonders Japans - setzen sich vor ein Blatt Papier mit einem Pinsel, verweilen lange in höchster Konzentration und zeichnen dann im Bruchteil einer Sekunde, dabei bisweilen einen Schrei ausstoßend, ein chinesisches Schriftzeichen.

Es sei hier erwähnt, dass alle lautlichen Wiedergaben chinesischer Schriftzeichen heute - auch in diesem Buch - in der sog. *Pinyin-Umschrift* erfolgen, die sich auf die Aussprache im *Beijing-Dialektik* stützt.

Wie entstand und entwickelte sich unsere Schrift?

Ganz ähnlich wie die chinesische Schrift entstand unsere Schrift auch aus Bildzeichen, und zwar aus ägyptischen. Einige Beispiele:

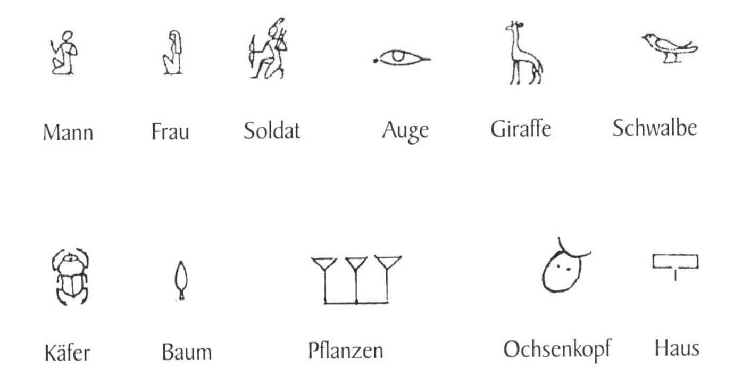

Die Bildzeichen erhielten - wie in China - schließlich auch begriffliche Bedeutungen. Kombinationen der Zeichen kennt man, meist in farbiger Ausführung, von altägyptischen Darstellungen. Sie wurden schon in der Antike von Griechen bewundert und als *Hieroglyphen* (*hiero* griech. = heilig, *glyphein* = einritzen) bezeichnet. Um 1000 v. Chr. übernahmen die Phönizier die ägyptischen Bildzeichen, vereinfachten sie aber, weil sie als über das ganze Mittelmeer verbreitetes Handelsvolk Schriftliches schnell darstellen wollten.

Aus dem ägyptischen Zeichen für Pflanzen wurde so W, aus dem für Ochsenkopf ∢ und aus dem für Haus 𐤁.

Die Phönizier gingen aber anders als die Chinesen noch einen entscheidenden Schritt weiter. Sie benutzten nun diese einfachen Zeichen zur Wiedergabe des Anfangslautes des betreffenden Wortes in ihrer Sprache. Pflanzen hieß bei ihnen *shin* (oder *shim*), Ochsenkopf *alfa* und Haus *bet*. Die Zeichen drückten nun nur noch die Laute sh, a und b aus.[6]

Die Griechen übernahmen die phönizischen Zeichen, veränderten sie jedoch etwas. So wurde aus 𐤔 Σ, aus 𐤀 A und aus 𐤁 B. Diesen Zeichen gaben sie Namen in Anklang an die zugrunde liegenden phönizischen Wörter. Das Lautzeichen A, oder - wie wir sagen - der Buchstabe A erhielt so den Namen Alpha, B den Namen Beta und Σ den Namen Sigma (ursprünglich wahrscheinlich *shigma* gesprochen). Die Zeichen wurden nun in eine feste Reihenfolge gebracht. Sie beginnt mit A und B, die Zeichenfolge hieß dann kurz - und heißt bis heute - *Alphabet*.

Zu den Zeichen wurden auch Kleinausführungen geschaffen, α, β und σ. Es sei nicht verschwiegen, dass die Entwicklung der Buchstaben in der Fachwelt bis heute umstritten ist. Einer der Gründe ist die lückenhafte Kenntnis der Aussprache in den Sprachen, welche die Entwicklung bestimmten.

Die Römer übernahmen die griechischen Buchstaben, jedoch teilweise in geänderter Form, Reihenfolge und Aussprache. Auch sie sprechen jedoch - in Anlehnung an das Griechische - von einem Alphabet. Dieses ist das uns vertraute Alphabet, wegen der Sprache der Römer das lateinische genannt.

Mönche brachten diese Schrift aus Südeuropa im Zuge der Christianisierung nach Mittel-, Nord- und Nordwesteuropa. Westeuropa war bereits vorher christianisiert worden und so mit der Schrift vertraut. Bei der Bemühung, die Landessprachen schriftlich wiederzugeben, stießen die Mönche auf ein Problem. Die Sprachen hatte ihnen unbekannte Laute. Um sie wiederzugeben, ging man verschiedene Wege.

In England gab es das stimmhafte und das stimmlose th. Beide wurden nun durch dieses Buchstabenpaar wiedergegeben und waren damit schriftlich nicht unterscheidbar. Schülern macht dies bekanntlich im Englischunterricht stets Schwierigkeiten.

Im Norden war man konsequenter. Daher besitzt das Isländische bis heute die Zeichen δ und θ, das stimmhafte und das stimmlose *th* wiedergebend. Beide Zeichen sind aus der griechischen Schrift übernommen und werden in Griechenland noch heute so ausgesprochen.

In Deutschland galt es andere Laute auszudrücken. Zur Wiedergabe von sch half man sich durch diese Buchstabenfolge. Sowohl das raue wie das weiche *ch* werden durch dieses Buchstabenpaar wiedergegeben, sind also schriftlich nicht unterscheidbar. Die Umlaute ä, ö und ü werden durch diese Zeichen, also abgewandelte a, o und u, wiedergegeben. Nur Ausländer haben bei *sch* und *ch* Schwierigkeiten. Wir erkennen sie gar nicht mehr als - schlecht gewählte - Provisoria zur Wiedergabe von bestimmten Lauten.

Als in der Türkei 1922 die Republik ausgerufen wurde, ersetzte man die als Symbol der Rückständigkeit aufgefasste arabische Schrift durch die lateinische. Der Schritt war nicht so groß wie der in China erwogene Übergang zur lateinischen Schrift, denn die arabische Schrift war bereits eine Lautschrift. Jedoch gibt es im Türkischen zwei Umlaute, *ö* und *ü*, in uns vertrauter Form, weil man deutsche Sprachspezialisten heranzog. Sieht man an einem Zeitungskiosk eine Zeitung mit unverständlichen Texten, aber den uns bekannten ö und ü, so handelt es sich in der Regel um eine türkische Zeitung.

Russland wurde um das Jahr 1000 durch bulgarische Mönche christianisiert. Diese gehörten zur griechisch-orthodoxen Kirche und brachten daher die griechische Schrift mit. Auch sie standen vor dem Problem, ihnen unbekannte Laute wiedergeben zu müssen. Im Gegensatz zu ihren römischen Glaubensbrüdern führten sie hierzu neue Zeichen ein, z. B. ш, ч, щ und ж, ausgesprochen *sch, tsch, schtsch* und wie g in Genie.

Das griechische stimmlose *th* wurde von den Russen mit f verwechselt und daher im Russischen durch das griechische Zeichen für *f, Ф*, wiedergegeben. Der Dichter *Dostojewski* heißt daher mit Vornamen *Feodor*, was *Theodor* (griech. = Gottesgeschenk) bedeutet. Auch in Russland wurde nach Einführung der Republik 1917 der Übergang zur Lateinschrift erwogen, schließlich jedoch abgelehnt.

Direkt nach Kriegsende 1945 zeigte sich in Berlin der Zusammenstoß zweier Kulturen schon durch ihre Schriftsysteme. So gab zum Beispiel folgendes Orts-Hinweisschild:

ПОТСДАМ
POTSDAM

Die Probleme korrekter Lautwiedergabe bleiben den Chinesen dank ihrer Begriffsschrift erspart. Doch halt! Ganz stimmt das nicht, denn sie stehen vor dem Problem, etwa ausländische geografische Bezeichnungen wiedergeben zu müssen. Wie sie das tun, wird ab Seite 32 beschrieben.

Wie werden mit der chinesischen Schrift Begriffe ausgedrückt? Eine Auswahl

Auf den Seiten 15 bis 20 haben wir bereits einige Begriffe behandelt. Es wurde dargestellt, wie deren Schriftzeichen aus einfachen *Bild-Zeichen* entstanden.

Hier wird nun nicht die *Entwicklung* von Schriftzeichen beschrieben, sondern diese selbst werden betrachtet. Wir beginnen mit einfachen Begriffen und kommen allmählich zu schwierigeren.

Ich wird ausgedrückt durch 我. Hier ist das Radikal 戈 das bereits bekannte für *Streitaxt*. Außerdem erkennen wir das Schriftzeichen für *Hand* 手. Will das Schriftzeichen ausdrücken, dass jemand sich durch das Tragen einer Waffe hervorheben will?

Fern ist uns Europäern so etwas nicht. In Spanien weist auch heute noch auf eine Herrentoilette das Wort Cavallero hin, zu Deutsch *Reiter*. Hierdurch will man dem Benutzer schmeicheln. Er soll sich als "Ich, der Reiter" fühlen. Im Englischen wird bekanntlich nur das Personalpronomen *Ich* groß geschrieben: *I*.

Bei diesem und den weiteren Zeichen sollte man sich stets hüten, bei der Deutung ins Reich der Spekulation zu geraten. Nicht immer wissen wir, was der Schöpfer eines Zeichens beabsichtigt hatte.

Frieden wird durch 安 wiedergegeben. Das Radikal 女 kennen wir bereits, es ist das für *Frau*. Dazu kommt das Schriftzeichen für *Dach* 宀.

Eine Frau unter einem Dach in einem Haus bedeutet *Frieden. Streit* gibt das Schriftzeichen 女女 wieder, zwei Frauen darstellend und gern gedeutet als die Meinung, dass besonders Frauen sich gern streiten.

Das Adjektiv *gut* wird ausgedrückt durch 好. Wir erkennen erneut das Radikal *Frau* 女 und daneben das ebenfalls bereits bekannte *Kind* 子. Kann man überzeugender ausdrücken, wodurch sich Güte zeigt, nämlich durch die Zuwendung einer Frau zu ihrem Kind?

Familie gibt das Schriftzeichen 家 wieder, zusammengesetzt aus oben dem Radikal *Dach*, 宀, und unten dem Zeichen für *Schwein*, 豕. Das ganze Schriftzeichen wird so gedeutet, dass ein Schwein im Haus eine wohlhabende *Familie* bedeutet.

Wald gibt das Schriftzeichen 林 wieder. Die Verdopplung des bekannten Radikals 木 *Baum* lässt direkt den Sinn des Schriftzeichens erkennen. *Fluss* hat das Schriftzeichen 江, zusammengesetzt aus dem bekannten Radikal *Wasser* 氵 in Kurzform und dem Schriftzeichen für *Arbeit* 工. Es kann gedeutet werden als *aktives Wasser* im Gegensatz zum *passiven Wasser* in einem See. *Meer* wird durch 海 wiedergegeben. Das Schriftzeichen enthält links ebenfalls das Radikal *Wasser* 氵 in der Kurzfassung. Der rechte Teil wird gedeutet als eine Möglichkeit der Wiedergabe von *Mutter* 母, symbolisiert durch die Punkte als ihre Brüste. Das Ganze kann daher als *die Mutter allen Wassers* aufgefasst werden.

Ausruhen hat das Schriftzeichen 休. Links erkennen wir in Kurzform das Radikal *Mensch* 亻, rechts *Baum* 木. So wird Ausruhen durch einen Menschen symbolisiert, der sich an einen Baum lehnt.

Essen gibt das Schriftzeichen 吃 wieder. Links erkennen wir das Radikal, *Mund* 口. *Fragen* wird ausgedrückt durch 問, wobei das Radikal 門 die Bedeutung *Tor* hat. Man erkennt auch *Mund* 口. Fragen wird auf diese Weise dargestellt durch das Öffnen eines Tores und das Hineinfragen in den Raum dahinter mit Hilfe des Mundes.

Hell wird ausgedrückt durch 明, der erste Teil ist das Radikal 日, das *Sonne* bedeutet, der zweite bezeichnet den *Mond* 月.

Reich bzw. *Staat* hat das Schriftzeichen 國.
Das Radikal ist der quadratische Rahmen 口, *Gebiet* bedeutend. Weiter ist u. a. das bekannte Schriftzeichen für *Streitaxt* 戈 erkennbar. Kann man das deuten als das Gebiet, das jemand durch seine Waffe beherrscht? Unser Wort *Reich* bedeutet ursprünglich auch *Herrschaftsgebiet.*

Auf den Seiten 9 bis 12 haben wir schon die Wiedergabe eines schwierigeren Begriffs kennen gelernt, nämlich des *Telefons.* Hier folgen weitere schwierigere Begriffe. Ihre Wiedergabe erfordert stets mehrere Schriftzeichen.

Fernsehen wird dargestellt durch 電 視. Das erste Schriftzeichen kennen wir in der Bedeutung *Elektrizität,* das zweite enthält rechts 見, darin steckt das uns schon bekannte Radikal 目 *Auge,* 見 bedeutet sehen. Das ganze zweite Zeichen bedeutet *anschauen.* Die Kombination beider Zeichen bezeichnet so *Elektrizität - anschauen,* genauer: Ein Gerät, um mit Hilfe der Elektrizität etwas anzuschauen.

Computer wird ausgedrückt durch 電 腦. Das erste Schriftzeichen bezeichnet wieder *Elektrizität,* das zweite bedeutet *Gehirn.* Zusammen erhalten wir so: *Elektrizität - Gehirn,* genauer: Ein Gerät, das mit Hilfe von Elektrizität, Funktionen des Gehirns ausführt. Auch im Deutschen nannte man die ersten Computer Elektronengehirne.

Petroleum ist 石 油. Das erste Schriftzeichen, kennen wir als das Radikal *Stein.* Das zweite Schriftzeichen enthält links das uns schon bekannte Radikal 氵 *Wasser* (bzw. *Flüssigkeit*) in Kurzfassung. Das gesamte Schriftzeichen bedeutet *Öl.* Damit haben wir die Bedeutung *Stein-Öl,* also *Petroleum* (lateinisch *petra* = Stein, *oleum* = Öl) Das zweite Schriftzeichen allein stehend hat die engere Bedeutung *Speiseöl.*

Tor des Himmlischen Friedens, 天安門 gesprochen *Tian an men,* bedeutet *Himmel Frieden Tor,* also *Tor des Himmlischen Friedens.* Dieses wurde durch die Niederschlagung der Studentenunruhen auf dem Platz davor im Jahre 1989 bekannt.

Analyse wird durch 分析 ausgedrückt. Das erste Schriftzeichen bedeutet Teil, durch die untere Hälfte, das Radikal *Messer* 刀 (s. S. 17), verständlich. Das zweite Schriftzeichen ist aus dem uns bekannten Radikal *Holz* (bzw. *Baum*) und dem für *Beil* 斤 zusammengesetzt. Dies macht die ursprüngliche Bedeutung *Holz spalten* nachvollziehbar, die zu *unterscheiden* weiterentwickelt wurde. Die beiden Schriftzeichen zusammen bedeuten also *Teil(e) unterscheiden.* Zur Veranschaulichung: Chemische Analyse ermöglicht, bei Kochsalz die Bestandteile Natrium und Chlor zu unterscheiden. Einem Chinesen bleibt erspart, erst ein Fremdwort - hier *Analyse* - zu verstehen! Unser Wort *unterscheiden* ist auch aus scheiden entwickelt. Dieses geht auf den Wortstamm *Scheit,* also ein von einem Holzblock abgeschiedenes Stück, zurück. Die Entwicklung ist also der im Chinesischen ähnlich.

Im Norwegischen heißt Scheit *Ski.* Dieses Wort ging als "Holzstück, das zur Verwendung als Gleitkörper für die Füße im Schnee zugeschnitten wurde" in die meisten Sprachen über.

Versprechen wird wiedergegeben durch 約信. Das erste Schriftzeichen, das Radikal 糸 *Faden* enthaltend, bedeutet *binden* und von da aus *Vertrag* im Sinne von *verbindliche Formulierung.* Auch unser Wort *verbindlich* erinnert noch an die einstige Bindung der Teile eines Vertrags durch einen Faden, dessen Enden dann versiegelt wurden. Das zweite Schriftzeichen besteht aus dem Radikal *Mensch* in Kurzform und dem für *sprechen* (s. S. 16). Es bedeutet *Aufrichtigkeit.* Die Kombination der Schriftzeichen bedeutet daher aufrichtig sein in Bezug auf einen Vertrag, also versprechen.

Verstehen wird dargestellt durch 明白. Das erste Schriftzeichen bedeutet *hell,* das zweite kennen wir als *klar, deutlich* (s. S. 18). Beide Zeichen zusammen deutet man so als *Klarheit gewinnen,* d.h. *verstehen.*

Wie werden die Namen von China und Japan und einigen Städten dort ausgedrückt?

China wurde von seinen Bewohnern immer schon als 中國 bezeichnet. Wir kennen beide Schriftzeichen bereits und lesen so *Mitte Reich*, also *Das Reich der Mitte*. Unter diesem Namen ist China auch in Europa bekannt geworden.

Die Bezeichnung lässt erkennen, dass man sich als Mittelpunkt der kultivierten Welt ansah, umgeben von *Barbaren*. Wohl in jeder Kultur kennen wir diese Vorstellung. In den ältesten Landkarten unseres Kulturkreises war lange Jerusalem Mittelpunkt der Welt.[7] Später hatte man es in Europa schwer, sich von der Vorstellung der Erde als Mittelpunkt der Welt zu lösen, wie der Galilei-Konflikt zeigt.

Japan wird durch 日本 ausgedrückt. Das erste Schriftzeichen kennen wir als *Sonne*, das zweite wurde aus dem uns ebenfalls bekannten für *Baum* 木 entwickelt und bedeutet *Wurzel* oder im weiteren Sinne *Ursprung* oder *entspringen*. Japan wird damit - von China aus gesehen - das Land, in dem die Sonne entspringt, *Das Land der aufgehenden Sonne*. Die Japaner haben diese Bezeichnung übernommen.

Um die Bezeichnungen einiger wichtiger Städte verstehen zu können, sei zunächst die Bezeichnung der vier Himmelsrichtungen vorgestellt.

Norden ist 北, ausgesprochen *bei*.
Osten ist 東, ausgesprochen *dong*.

Dies wird bisweilen gedeutet als die Richtung, in welcher die tief stehende Sonne hinter einem Baum sichtbar wird. Mit Recht kann man hier einwenden, dass damit ja ebenso gut Westen gemeint sein könnte.

Süden ist 南, ausgesprochen *nan*.
Westen ist 西, ausgesprochen *xi*.

京 ist das Schriftzeichen für *Hauptstadt*, ausgesprochen *jing*. Setzt man vor dieses Schriftzeichen eines der Schriftzeichen für die Himmelsrichtungen, so kommt man - theoretisch - zu einer Nord-, Ost-, Süd- und Westhauptstadt.

In China gibt es heute jedoch nur die *Nord-Hauptstadt*, 北 京, *Beijing* sowie die *Süd-Hauptstadt*, 南 京, *Nanjing*. Beide Städte wurden früher bei uns, der deutschen harten Konsonant-Aussprache folgend, *Peking* und *Nanking* genannt. Beijing ist heute die Hauptstadt des Landes.

Die *Ost-Hauptstadt* 東 京 *Dongjing*, liegt in Japan! Von den Japanern wird diese genau so geschrieben, aber *Tokio* ausgesprochen. Dies zeigt wieder die Unterschiede zwischen gesprochenem Chinesisch und Japanisch. *Tokio* ist die Hauptstadt Japans.

Erwähnt seien drei weitere chinesische Städte:

Kanton (korrekt *Guangdong*) ist eigentlich der Name der Provinz, zu der diese Stadt gehört. Sie selbst ist - in Schriftzeichen - 廣 州, ausgesprochen wird sie *Guangzhou*. Das erste Schriftzeichen bedeutet *ausgedehnt* und das zweite *Bezirk*.

Shanghai wird 上 海 geschrieben. Beide Schriftzeichen sind bereits bekannt. Die Kombination bedeutet *oberhalb des Meeres*.

Hongkong schreibt man 香 港. Das erste Schriftzeichen bedeutet *Duft*, gesprochen *xiang*, das zweite Zeichen bedeutet *Hafen*, gesprochen *gang*. Die Kombination bedeutet folglich *Duft-Hafen* und sollte *Xianggang* ausgesprochen werden. Die Bewohner der Stadt (Kantonesen) sprechen die Schriftzeichen kantonesisch aus: *Hongkong*. Diese Aussprache wird im Ausland übernommen.

Wie werden ausländische geografische Namen ausgedrückt?

Wir beschränken uns in diesem Kapitel auf einige Beispiele vertrauter geografischer Namen.

Deutschland wird durch die Schriftzeichen 德 國 wiedergegeben. Das erste Zeichen wird *de* ausgesprochen, was für chinesische Ohren dem Anfang unseres Wortes Deutschland sehr nahe kommt. Nun gibt es aber zahlreiche Schriftzeichen, die *de* ausgesprochen werden.

Man wählte unter ihnen das aus, das nach Erwartung der Chinesen den Deutschen gefallen würde, 德, es bedeutet Tugend. Das zweite Zeichen ist bekannt. Damit haben wir die Bedeutung *Tugend-Reich* für Deutschland.

England wird 英 國 geschrieben. Das erste Zeichen bedeutet *Tapferkeit*, ausgesprochen *ying*. Dies wurde als Annäherung an die erste Silbe der englischen Aussprache von England empfunden. England wird so zu *Tapferkeit-Reich*. Auch Großbritannien wird so bezeichnet.

Frankreich schreibt man 法 國. Das erste Zeichen bedeutet *Gesetz*. Es wird *fa* ausgesprochen und soll in etwa dem Anfang der ersten Silbe von Frankreich entsprechen, denn den zweiten Laut *r* gibt es im Chinesischen nicht. Damit wird Frankreich zum *Gesetzes-Reich*.

USA wird durch die Schriftzeichen 美 國 ausgedrückt . Das erste Zeichen, ausgesprochen *mei*, bedeutet *schön*, die Kombination folglich *Schönes Reich*. Mei kommt der Aussprache der zweiten Silbe des Wortes Amerika nahe. Die erste Silbe wird offenbar ignoriert.

Hier die Wiedergabe einiger europäischer Städte:

Berlin wird zu 柏 林, wobei das erste Zeichen *Zypresse* bedeutet und *bo* ausgesprochen wird, das zweite ist uns bereits in der Bedeutung *Wald* bekannt. Es wird *lin* ausgesprochen. Beide Schriftzeichen zusammen ergeben *Bolin*. Das r in der ersten Silbe von Berlin wird ebenso vermieden wie das bei der Wiedergabe von Frankreich.

London wird durch 倫 敦 wiedergegeben, wobei das erste Zeichen *Logik* bedeutet und *lun* ausgesprochen wird, während das zweite *aufrichtig* bedeutet und *dun* ausgesprochen wird. Zusammen erhalten wir so *Lundun* für *London*.

Paris wird in chinesischer Schrift zu 巴 黎, wobei das erste Zeichen *haften* bedeutet und *ba* ausgesprochen wird. Das zweite Zeichen, *li* gesprochen, bedeutet *Masse*. Für *Paris* erhalten wir so *Bali*.

Wie werden Zahlen und Daten ausgedrückt?

Oft wird heute in China die bei uns übliche arabische Zahlendarstellung benutzt. Dies zeigt z. B. die Telefonnummer unter dem Zeitungskopf auf S. 11. Das ist jedoch verhältnismäßig neu. Üblich ist sonst - und bei feierlichen Anlässen unabdingbar - die Verwendung chinesischer Zahlzeichen. Uns ist Ähnliches vertraut. Bei repräsentativen Gebäuden und bei Denkmälern war bis vor wenigen Jahrzehnten die römische Zahlendarstellung üblich.

Um das chinesische Zahlensystem zu verstehen, sei an einer Zahl die Darstellung im römischen, chinesischen und arabischen System gegenübergestellt.

Römisch	MMMDCCVIII
Chinesisch	三 千 七 百 零 八
Arabisch	3708

Zunächst zur römischen Darstellung. M ist der Anfangsbuchstabe von *millium* = tausend. Dreitausend muss durch drei Ms ausgedrückt werden. D bedeutet fünfhundert und wird gedeutet als ein halbes M, dann an einen bekannten Buchstaben, nämlich D, angepasst. L bedeutet fünfzig und wird als ein halbes C, ebenfalls an einen bekannten Buchstaben angepasst, angesehen. C ist der Anfangsbuchstabe von *centum* = hundert, CC damit zweihundert. V bedeutet fünf, nach einer Theorie das Bild einer ausgestreckten Hand, welche die fünf Finger symbolisiert. Laut dieser Theorie ist X das Bild von zwei Händen übereinander und bedeutet daher zehn. I, II und III sind unmittelbar als bildliche Wiedergabe von einem, zwei und drei Fingern zu verstehen. VIII ergibt acht. Damit ist die hier vorliegende Zahl, 3708, erkennbar.

Das römische System erweist sich für die Praxis ungeeignet. Führen Sie etwa die folgende Addition - ohne Zuhilfenahme der arabischen Zahlendarstellung - aus!

MMMDCCVIII
\+ MDCCCLII

Im Chinesischen gibt es Schriftzeichen für die Zahlen eins bis neun:

一	二	三	四	五	六	七	八	九
eins	zwei	drei	vier	fünf	sechs	sieben	acht	neun

Die Schriftzeichen für die ersten drei Zahlen sind dieselben wie im römischen System, nur um 90° gedreht. Hierzu kommen Schriftzeichen für die *zehn* und ihre Potenzen:

十	百	千	萬
zehn	hundert	tausend	zehntausend

Die Anzahl der jeweils vorliegenden Zehner, Hunderter usw. wird durch die Schriftzeichen für eins bis neun ausgedrückt. So finden wir bei der von uns als Beispiel gewählten Zahl 三 千 für *drei Tausender,* 七 百 für *sieben Hunderter,* 零 für *null Zehner* und danach 八 für *acht.*

Die Inder und vor ihnen die Araber haben wie die Chinesen Schriftzeichen für die Zahlen von *eins* bis *neun.* Es sind die uns bekannten Zeichen. Nun liegt aber ein entscheidender Unterschied vor. Ob Zehner oder Hunderter usw. vorliegen, wird nicht durch ein besonderes Symbol, sondern durch *die Stelle in der Darstellung* angegeben. Fehlen - wie in unserem Beispiel - die Zehner, wird dies an der für die Zehner vorgesehenen Stelle durch ein besonderes Symbol, 0, ausgedrückt. Der Name für dieses Symbol, *null,* stammt vom lateinischen *nullum* für nichts.

Dieser Schritt des Übergangs zum Stellenwertsystem wird in China nicht vollzogen. Das Schriftzeichen 零 für die Zahl Null gibt es jedoch auch in China (heute der Einfachheit halber durch O ersetzt), es hat jedoch nicht zur Entwicklung eines Stellenwertsystems geführt. Das arabische System gelangte durch die Kreuzzüge nach Europa und wurde wegen der deutlichen Vorteile bei Berechnungen rasch von den Kaufleuten benutzt. Die Kirche sträubte sich gegen diese Neuerung und verbot noch lange ihre Benutzung an den Universitäten mit der Begründung, sie sei *teuflisch.* Das Zeichen für *null* bedeute ja *nichts* und habe doch eine verändernde Wirkung, etwa bei der Zahl 70. Darin gleiche es dem Teufel, der unsichtbar und doch wirksam sei.

Der *Abakus,* ein Rechenbrett mit Kugeln, ist eine Vorstufe des arabischen Systems. Er besteht aus Stangen, auf denen sich neun Kügelchen befinden. Die Stangen symbolisieren Einer, Hunderter usw. Liegen etwa vier Hunderter vor, werden an der für die Hunderter zuständigen Stange vier Kügelchen zum anderen Ende verschoben. In der Sowjetunion wurde noch vor vierzig Jahren beim Kassieren in Geschäften der Abakus benutzt. Dabei zeigte sich, dass mit dem Abakus Vertraute oft ebenso schnell addierten wie die mit dem Taschenrechner Arbeitenden. Wie Funde zeigen, war er bereits im Römischen Reich in Gebrauch.. Bis vor wenigen Jahrzehnten wurde er auch in China und Japan noch häufig gebraucht. Die Chinesen waren nach heutigem Kenntnisstand die ersten (ca. 500 v. Chr.), die den Abakus anwendeten. Es ist merkwürdig, dass die Benutzung des Abakus' weder im alten Rom noch im fernen Osten die Anregung zum Übergang zu einem Stellenwert-System gab.

Sehr große Zahlen werden in unserem Kulturkreis durch aus dem Lateinischen entlehnte Wörter wie Million, Milliarde usw. ausgedrückt. Eine große Erleichterung stellt dabei die Ausdrucksmöglichkeit durch Zehnerpotenzen dar. Sie ist unentbehrlich bei extrem großen Zahlen, wie sie bei Berechnungen in der Astronomie und Atomphysik vorkommen. Alle diese Zahlen sind kleiner als 10^{1000}.

Wie werden mit der chinesischen Schrift *Daten* ausgedrückt? Wir betrachten dies an einer Datumswiedergabe in der auf S. 10 vorgestellten Zeitung.

二 O O 三 年 五 月 十 六 日

年 bedeutet *Jahr*. Mit den schon bekannten Schriftzeichen für *Tag* und *Monat* lesen wir so 2003 Jahr, 5 Monat, 16 Tag, also 16. Mai 2003.

Zeitungen aus Taiwan beginnen die Zeitrechnung 1911, so dass statt 2003 dort 92 steht. Im November 1911 wurde China Republik. Taiwan erhebt den Anspruch, die 1911 gegründete Republik zu sein und beginnt daher seine Zeitrechnung mit diesem Datum. In den mohammedanischen Ländern beginnt die Zeitrechnung im Jahre 622 n. Chr., als Mohammed aus Mekka fortging. Dortige Zeitungen schreiben daher 1381 statt 2003.

Wie übersetzt man einen chinesischen Schriftzug? Ein Beispiel

Im Oktober 2003 startete der erste chinesische Astronaut ins Weltall. Auf der Trägerrakete prangte der Schriftzug

中國前太空

Wir wählen ihn für eine Übersetzung.

Ein Wort aus einer anderen europäischen Sprache, etwa der französischen, zu übersetzen, gelingt uns leicht. Beispielsweise schlagen wir zur Übersetzung des Wortes *bon* in einem französisch-deutschen Wörterbuch den Anfangsbuchstaben *b* auf. Dies gelingt uns sofort, weil wir mit der Reihenfolge der Buchstaben vertraut sind. Unter *b* suchen wir dann nach dem nächsten Buchstaben, *o*, usw. Auf diese Weise kommen wir zu *bon*, übersetzt mit *gut*.

Schwierigkeiten bereiten uns allenfalls Wörter wie etwa *vecu*. Dieses Wort ist meist nicht aufgeführt, denn man muss wissen, dass es die Partizip Perfekt-Form vom Verb *vivre* ist.

Solche Probleme sind - um im Französischen zu bleiben - ein *rien*, ein Nichts gegen den Aufwand zum Übersetzen aus dem Chinesischen. Ein Trost ist allenfalls, dass wir nicht die Sprache selbst - als gesprochene Sprache - zu beherrschen brauchen. Denn die Schriftzeichen geben ja nicht Laute, sondern Begriffe wieder.

Bei unserem Schriftzug kennen wir bereits den Sinn der beiden ersten Schriftzeichen: *China*.

Beim dritten Schriftzeichen sehen wir sowohl oben wie unten links und rechts ein Schriftzeichen, welches das bestimmende Radikal sein kann. Wir vermuten zunächst, dies sei das linke untere Zeichen. Wir kennen es bereits in der Bedeutung *Mond*. Nun müssen wir zum chinesisch-deutschen Wörterbuch greifen. Hilflos stehen wir vor der Flut von Schriftzeichen ohne zunächst erkennbare Ordnung.

Das Wörterbuch besteht aus den drei Abschnitten A, B und C. Unter A sind alle heute üblichen 214 Radikale aufgeführt und mit einer Nummer versehen. Wir finden 月 unter der Nummer 74.

Im Abschnitt B finden sich nun unter Nummer 74 alle gängigen Schriftzeichen mit Bezug zu diesem Radikal. Leider ist unser Schriftzeichen nicht darunter. Wir haben also offenbar das falsche Zeichen als das hier vorliegende Radikal vermutet.

Daher nehmen wir nun das Zeichen rechts unten, 刂, als zuständiges Radikal an. Auch dieses kennen wir bereits als vereinfachte Fassung von *Messer*. Es hat die Nummer 18. Unter dieser Nummer finden wir nun in Abschnitt B tatsächlich unser Schriftzeichen. Alle Schriftzeichen in B werden unter einer Nummer geführt, dieses hat die Nummer 492.

Im Abschnitt C sind die Übersetzungen der Schriftzeichen, nach ihren Nummern aufgeführt. Und hier taucht tatsächlich unter der Nummer 492 unser Schriftzeichen auf, übersetzt mit *vorn*.

Die Übersetzung des vierten Schriftzeichens gelingt uns auf demselben Wege. Das Radikal ist 六, *groß*. Das Schriftzeichen finden wir unter diesem Radikal. Es bedeutet *extrem*.

Beim letzten Zeichen 空 erweist sich 穴 als das Radikal *Höhle*. Das ganze Schriftzeichen wird als *Leere* übersetzt.

Die beiden letzten Schriftzeichen bekommen so zusammen den Sinn *extreme Leere*, d.h. *Weltraum*, der gesamte Schriftzug lautet daher:

China vorn Weltraum, also
China ist vorn im Weltraum.

Diese Übersetzung gibt einen kleinen Vorgeschmack darauf, wie mühselig eine solche sein kann. Auf ein Problem sind wir hier nicht einmal eingegangen: Viele Schriftzeichen können mehrere Bedeutungen haben, daher kommt man leicht auf eine verkehrte Spur. Eine gute Portion Einfühlung ist oft genug nötig.

Wir haben den Text auf der chinesischen Rakete übersetzt, die den ersten Chinesen ins Weltall brachte. Wir fragen daher, wie man in der chinesischen Sprache das Wort *Rakete* wiedergibt.

Antwort: 火 前. Das erste Schriftzeichen ist das Radikal *Feuer*, das zweite haben wir gerade als *vorn* kennen gelernt. Damit ergibt sich die Bedeutung *Feuer vorn*, d. h. etwas durch Feuer nach vorn Getriebenes, kurz eine *Rakete*.

Was bedeuten häufig bei uns auftretende chinesische Schriftzeichen?

Wir stoßen in vielen Bereichen auf chinesische Schriftzeichen, bei

- Chinesischen Restaurants
- Philosophie und Esoterik
- Klubs für asiatischen Sport
- Medizin und Werbung

Chinesische Restaurants

Chinesische Restaurants tragen oft die Bezeichnung 酒 家. 酒 bezeichnet ein durch Gärung erhaltenes Getränk, also *Alkohol.* Bekannt ist uns bereits das Zeichen für Familie, 家, hier im Sinne von deren Haus verwendet. Beide Zeichen ergeben kombiniert *Alkohol Haus,* d. h. *Restaurant.* Oft steht davor der Name einer chinesischen Stadt, insbesondere Beijing, Nanjing oder Shanghai. Damit weist man auf die besondere Küche der genannten Stadt hin. Jede größere Stadt der USA und Kanadas hat eine *Chinatown.* Betritt man dort eine kleine Imbissstube, steht dort meist an einer Tür 男, an einer anderen 女. Wir erkennen die Zeichen als die für *Mann* und *Frau.*

Philosophie und Esoterik

Daodejing, früher bei uns *Tao te king* geschrieben, ist ein dem Philosophen *Laozi* zugeschriebenes Buch mit Lebensweisheiten. In chinesischen Schriftzeichen lautet der Buchtitel 道 德 經. Das erste Zeichen kennen wir bereits als *Weg*, das zweite als *Tugend*, während das dritte *klassisches Buch* bedeutet. Das *Daodejing* ist also das Buch vom Weg und der Tugend. Es offenbart eine vielschichtige Lehre und Philosophie, zu der auch die Prinzipien von *Yin* 陰 und *Yang* 陽 gehören. Das Geschehen der Welt wird danach aus der Wechselwirkung zweier gegensätzlicher Prinzipien erklärt, wovon das eine männlich, aktiv, hell etc.(Yang) ist und das andere weiblich, passiv, dunkel etc. (Yin). Beide Prinzipien bedingen einander, aber schließen einander auch gleichzeitig aus. Der überall in Ostasien aber zunehmend auch in Europa bekannte Kreis symbolisiert die Ureinheit dieser beiden Kräfte.[8]

Dieses Symbol ist sogar in der Fahne von Südkorea enthalten.

Bertolt Brecht hat sich eine möglich Entstehung des *Daodejing* so gedacht:

Ein Gelehrter wird alt und zieht sich aus China nach Westen zurück. An der Grenze fragt ihn ein Zöllner: Etwas zu verzollen? Nein. Ein Kind, das das Reittier des Alten führt, sagt: Er hat geforscht. Der Zöllner fragt: Hat er etwas herausgefunden? Ja, dass weiches Wasser in Bewegung den harten Stein besiegt. Da es dämmert, treibt der Knabe das Reittier an. Da eilt der Zöllner hinter ihnen her und schreit: Stopp!

Der Zöllner fragt: Wie ist das mit dem Wasser? Der Alte: Interessiert es dich? Ja, ich bin zwar nur ein Zöllner, aber wer wen besiegt, das interessiert auch mich. Schreib's mir auf. Diktier es dem Kind, und ein Nachtmahl gibt es bei uns auch. Der Alte sagt: Wer etwas fragt, verdient auch eine Antwort. Von seinem Reittier steigt er ab. Sieben Tage schreiben sie zu zweit und der Zöllner bringt das Essen. Schließlich gibt das Kind dem Zöllner 81 Sprüche, genannt *Daodejing*.

In diesem Buch finden wir auch den Kontrast zwischen Tag und Nacht, Mann und Frau, hell und dunkel, die beide einander bedingen, aber gleichzeitig auch ausschließen.

In letzter Zeit sind bei uns zahlreiche Bücher über *Feng Shui*, chinesisch 風 水, *Wind* und *Wasser* erschienen. Dies ist eine in China allgemein und zunehmend auch bei uns bekannte Methode, um angebliche Naturkräfte aufzuspüren und sie für Leben und Tod zu nutzen.

Klubs für asiatischen Sport

Jiu-Jitsu wird durch 柔 術 wiedergegeben , wobei das erste Zeichen *biegsam, geschmeidig* und das zweite *Kunst, Technik* bedeutet. *Jiu-Jitsu* ist die japanische Aussprache des auch bei uns bekannt gewordenen Sports. Die chinesische Aussprache lautet *Roushu*.

Judo schreibt man 柔 道. Das erste Zeichen ist dasselbe wie bei *Jiu-Jitsu*, das zweite in der Bedeutung *Weg* bekannt. *Judo* ist die japanische Aussprache, *Roudao* die chinesische.

Taiji ist der Name eines chinesischen Sports, wiedergegeben durch 太 極. Das erste Zeichen ist uns in der Bedeutung *höchst, extrem* bekannnt, das zweite bedeutete ursprünglich *Dachfirst* und hat daher auch das Radikal *Holz*. Im vorliegenden Fall hat es die Bedeutung *äußerstes Ende* angenommen.

Zum Schluss sei dem Leser *Glück* bei der Lektüre gewünscht.

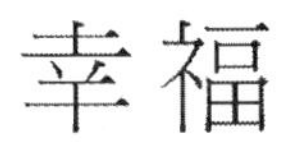

Nachwort

Reinhart Behr ist im Dezember 2003 gestorben. Im letzten Jahr, als die Krankheit ihn schon stark belastete, beschäftigte er sich zur Ablenkung verstärkt mit der Entzifferung chinesischer Sätze. Ich schickte ihm kurze Mitteilungen in chinesischen Schriftzeichen, die er meistens Zeichen für Zeichen in einem chinesischen Wörterbuch nachschlug. Bei der Erarbeitung eines Sinns der Aussage half manchmal die Phantasie nach. Das Ergebnis gab mitunter Anlass zum Schmunzeln.

Ich lernte Reinhart Behr 1968 als Kollegen an der Beethoven-Schule kennen. Damals überraschte er mich, als er die Wartezeit in einem Restaurant mit chinesischen Schriftzeichen überbrückte, die er auf eine Serviette malte. Stolz erklärte er ihre Bedeutung. Er empfand diese Schriftzeichen als Herausforderung, ihn interessierte nicht ihre Aussprache, sondern ihre Struktur und Entwicklung. Auf diese Weise lernte er neben seinem beruflichen Engagement, seinen anderen Hobbies, Gliederungsmerkmale dieser Zeichen kennen und konnte so in Wörterbüchern in einem mühsamen Prozess (siehe S. 38 bis 40) ihre Bedeutung herausfinden. Ich selbst hatte erst zehn Jahre später im Rahmen einer Lehrtätigkeit in China Gelegenheit, mich mit der chinesischen Sprache und Schrift zu beschäftigen.

Anfang August 2003 überraschte mich Reinhart Behr mit einer E-Mail, in der er mir mitteilte, dass er dabei sei, ein Büchlein über die Chinesische Schrift zu schreiben und fragte, ob ich ihm dabei helfen könne. Schon Ende August bekam ich die erste Hälfte des Manuskripts, "noch sehr provisorisch". Bei einem Besuch im Oktober in Berlin haben wir zum ersten Mal über das Manuskript und das gesamte Projekt ausführlich diskutiert.

Bei meinem letzten Besuch in Dänemark vom 3. bis 6. Dezember 2003 stand dieses Büchlein ganz im Vordergrund. Reinhart Behr lag im Krankenhaus, die freundlichen Schwestern schoben sein Bett in das Besuchszimmer, wo wir dann das Manuskript Seite für Seite durchgingen. Er kam nach Hause. Er saß im Wohnzimmer im Rollstuhl und wir diskutierten engagiert und kontrovers, fast zwei Stunden lang - wie in alten Zeiten - über den Absatz Philosophie und Esoterik. Er war ein Suchender, auf der Suche nach dem, was die Welt im Innersten zusammenhält. Er lehnte aber alles ab, was naturwissenschaftlich nicht nachweisbar war. - Das letzte Kapitel ist unvollendet geblieben.

Als ich mich am 6. Dezember verabschiedete, war Reinhart Behr ganz entspannt. Er legte das Manuskript in meine Hände. Seine Auseinadersetzung mit der faszinierenden chinesischen Schrift, die ihn fast 40 Jahre lang immer wieder beschäftigte, war abgeschlossen. Die chinesischen Schriftzeichen sind ihm vertraut geworden und haben ihm auch das chinesische Denken näher gebracht.

Berlin im November 2004

Rotraut Bieg-Brentzel

Fußnoten

1 Neuerdings gibt es jedoch zunehmend Ausnahmen. So wird Kaffee durch 咖 啡 wiedergegeben, wobei die Schriftzeichen überhaupt nichts mit dem Begriff Kaffee zu tun haben, sondern zusammen - jedenfalls im Peking-Dialekt - ka fei ausgesprochen werden. Hier liegt also Lautschrift vor!

In Island entwickelt sich Ähnliches. Für Banane ist die korrekte Bezeichnung *bjug-aldin*, zu Deutsch - wegen der Form - Wurstfrucht. Jedoch ist *banani* heute allgemein üblich.

2 Japan übernahm zunächst die chinesische Schrift, ergänzte diese jedoch durch eigene, einfache Zeichen, die vor allem Endungen wiedergeben. Im Chinesischen gibt es bei den Wörtern keine Endungen, wie sie uns bei Konjugationen und Deklinationen vertraut sind.

Ein japanischer Text enthält chinesische Schriftzeichen, ständig unterbrochen durch die in Japan entwickelte Silbenschrift. In den großen Hotels der Westküste der USA und Kanadas finden sich heute die meisten Informationen auch auf Japanisch und Chinesisch. Den japanischen Text erkennt man daran, dass er - im Chinesischen nicht vorkommende - Zeichen enthält, の ア. Durch sie kann z. B. der Genitiv des vorangehenden Wortes angegeben werden.

3 Das Grüne Gewölbe in Dresden zeigt dies an Objekten von kaum fassbarer Kunstfertigkeit.

4 Eine Legende beschreibt, wie der Buchdruck erfunden wurde. Zunächst musste man ganze Seiten eines Buches in Holztafeln einritzen. So konnte man Kopien der vollen Seiten auf Papier herstellen. Da sah ein Buchdrucker Kinder bei einem Laternenumzug. Jedes Kind trug eine Laterne mit einem bestimmten Schriftzeichen. Die Kinder änderten dauernd ihre Reihenfolge, so dass immer neue Kombinationen von Schriftzeichen entstanden.

Dies brachte den Mann auf die Idee, nicht mehr Holztafeln ganzer Seiten herzustellen, die ja nur für die jeweilige Seite brauchbar waren. Stattdessen stellte er kleine Holzkuben mit jeweils einem Schriftzeichen her, für jedes Zeichen einen. Zur Wiedergabe beliebiger Texte brauchte er nun nur die erforderlichen Holzkuben zusammensetzen. Dieser Gedanke wurde in Europa erst viel später, nämlich im 15. Jahrhundert durch Gutenberg, verwirklicht.

5 Auch bei allen anderen Informationsübertragungen von einem Computer zu einem anderen werden nur Nummern in dualer Darstellung übermittelt. Nur ist uns das nicht bewusst, weil die Computer bei gebräuchlichen Zeichen auf ihre Umwandlung und Rück-Umwandlung bereits vorbereitet sind.

Das duale System der Zahlendarstellung wurde übrigens bereits durch den erwähnten Leibniz für alle Berechnungen vorgeschlagen, da es nur die Kenntnis von Summe und Produkt der Zahlen 0 und 1 erfordert. Alle elektronischen Berechnungen beruhen darauf.

6 Die Hebräer gingen etwa gleichzeitig einen ähnlichen Weg wie die Phönizier. Ochsenkopf hieß bei ihnen alef. Sie verwandelten das ägyptische Bild des Ochsenkopfes zu א . Dies ist heute noch der Anfangsbuchstabe ihres Alpahbets, auch a gesprochen.

Mit der Mathematik Vertraute wissen, dass der Schöpfer der Mengenlehre, Georg Cantor, mit diesem Buchstaben die Mächtigkeit der Menge aller reellen Zahlen bezeichnete.

7 Eindrucksvoll ist dies zu sehen in der für das Kloster Ebstorf bei Lüneburg etwa Mitte des 13. Jahrhunderts angefertigten Weltkarte. Näheres erfährt man hierzu im Museum für das Fürstentum Lüneburg in Lüneburg.

8 Der dänische Physik-Nobelpreisträger Niels Bohr (1885-1965) und die meisten Physiker heute meinen, dass gewisse Versuche mit Licht dieses

als Schwingung des Raumes voraussetzen, andere dagegen das Licht als aus Teilchen bestehend deuten. Beide Deutungen können aber nicht gleichzeitig gelten. Bohr sieht dies auch als ein Zeichen von Yin und Yang in der Natur. In der Schlosskirche von Frederiksborg hängen die Wappen bedeutender Dänen, darunter auch das von Bohr. In seinem Wappen ist das Yin und Yang-Symbol umgeben von dem Text contraria sunt compelementa (Gegensätze ergänzen einander).

Oh, dieses Französisch!

Claudia Schmidt
Oh, dieses Französch!
(Band 5)
Fremdsprech
Conrad Stein Verlag
59 Seiten,
ISBN 3-89392-405-1

Buchtipp für Freunde der englischen Sprache!

Alice Pantermüller
Oh, dieses Englisch!
Band 4
Fremdsprech
Conrad Stein Verlag
59 Seiten
8 Illustrationen
ISBN 3-89392-404-3

Einleitung
Weltsprache Englisch
Ein Blick auf die Geschichte
Die Verwandtschaft zwischen Eng
und Plattdeutsch
Die verflixte Aussprache
Wo die Wörter herkommen
William Shakespeare
Der Wortreichtum der englischen
Sprache
British & American English
Der britische Humor
Wortspiele
Bildhafte Wendungen
Die britische Höflichkeit
Die Kunst des Fluchens
Falsche Freunde und verbale Fehl
Englisch im heutigen Deutsch

Buchtipp

Hans-Jürgen Fründt
Oh, dieses Spanisch
Band 3
Fremdsprech
Conrad Stein Verlag
60 Seiten
ISBN 3-89392-403-5

Tante Else fährt nach Mallooka - Die Aussprache
Besondere Buchstaben
Spanisch in Hispanoamerika
Die sprachlichen Wurzeln
Akzente setzen
Der Stolz des Spaniers
Sein oder Sein - das ist die Frage
El subjuntivo - Die schwerste Hürde
Vergangenheit oder Schnee von gestern
Die Zukunft - mal nah, mal fern
Personalpronomen? Nein danke
Die doppelte Verneinung
Kleine Hinweise rund ums Substantiv
Der Herr Kommerzienrat
Hier und dort
Der Reiz der Verneinung
Unflätige Wörter, die keine mehr sind
Buchstaben essen
Por favor - So viel Zeit muß sein
Falsos Amigos - falsche Freunde

Reinhart Behr
Oh, dieses Dänisch
(Band 1)
Fremdsprech
Conrad Stein Verlag
60 Seiten
ISBN 3-89392-401-9

Cornelia &
Rüdiger Lohf
Oh, dieses Schwedisch
(Band 2)
Fremdsprech
Conrad Stein Verlag
61 Seiten
ISBN 3-89392-402-7

Alle Bücher aus dem Conrad Stein Verlag

OutdoorHandbücher - Basiswissen für draußen

Band		€
1	Rafting	6,90
2	Mountainbiking	7,90
3	Knoten	6,90
4	Karte Kompass GPS	7,90
5	Essbare Wildpflanzen	7,90
6	Skiwandern	6,90
7	Wildniswandern	6,90
8	Kochen 1 aus Rucks. u. Packt.	7,90
9	Bergwandern	6,90
10	Solo im Kanu	6,90
11	Kanuwandern	7,90
12	Fotografieren	7,90
13	Wetter	6,90
14	Allein im Wald - Survival für Kinder	6,90
15	Wandern mit Kind	6,90
16	Sex-Vorb. Technik Varianten	6,90
20	Wüsten-Survival	7,90
21	Angeln	7,90
22	Leben in der Wildnis	7,90
24	Ratgeber rund ums Wohnmobil	7,90
25	Wale beobachten	7,90
30	Spuren & Fährten	6,90
31	Canyoning	7,90
34	Radwandern	7,90
35	Mushing - Hundeschlittenfahren	7,90
36	Gesund unterwegs	6,90
39	Erste Hilfe	7,90
45	Solotrekking	6,90
48	Für Frauen	6,90
58	Fahrtensegeln	7,90
65	Seekajak	6,90
68	Minimal Impact - Outdoor - naturverträglich	6,90
69	Abenteuer Teeniegruppe	6,90
70	Wintertrekking	6,90
72	Schnorcheln und Tauchen	6,90
73	Trekkingreiten	7,90
77	Wohnmobil in USA und Kanada	9,90
86	Regenwaldexpeditionen	7,90
94	Wattwandern	7,90
97	Urlaub auf dem Land	7,90
99	Kochen 2 - für Camper	6,90
100	Ausrüstung 1 - von Kopf bis Fuß	7,90
101	Ausrüstung 2 - für Camp und Küche	7,90
102	Ballonfahren	7,90
103	How to shit in the Woods	7,90
104	Globetrotten	7,90
106	Daumensprung und Jakobsstab	6,90
108	DocHoliday - Taschendoktor für Outdoorer, Traveller und Yachties	6,90
120	Trailfinder - Orientierung ohne Kompass und GPS	6,90
129	Kochen 3 - für Zeltlager & Freizeiten	7,90
131	Zeltlager und Jugendfreizeiten - Planung und Vorbereitung	7,90
138	Zeltlager und Jugendfreizeiten 2 Durchführung	7,90
143	Trekking mit Hund	9,90
148	Wenn Kinder fliegen	7,90
165	Fastenwandern	7,90
170	Höhlen - Praxistipps	7,90
176	Vulkane erleben	7,90
181	Kurzweilfibel	7,90
184	Trekking Ultraleicht	7,90

OutdoorHandbücher - Der Weg ist das Ziel

Band		€
17	Schweden: Sarek, Padjelanta, Abisco.	12,90
18	Schweden: Kungsleden	12,90
19	Kanada: Yukon - Kanu- und Floß	12,90
23	Spanien: Jakobsweg	14,90
26	Schottland: West Highland Way	12,90
27	John Muir Trail (USA)	10,90
28	Landmannalaugar (Island) (06)	12,90
29	Kanada: West Coast Trail	9,90
32	Polen: Radtouren in Masuren	12,90
33	Trans-Alatau (GUS)	10,90
37	Kanada: Bowron Lakes	10,90
38	Polen: Kanutouren in Masuren	12,90
40	Trans-Korsika - GR 20	12,90
41	Norwegen: Hardangervidda	12,90
42	Nepal: Annapurna	9,90
43	Schottland: Whisky Trail	12,90
44	Tansania: Kilimanjaro	14,90
49	USA: Grand Canyon Trails	10,90
50	Kanada: Banff & Yoho NP	10,90
51	Tasmanien: Overland Track	12,90
52	Neuseeland: Fiordland	10,90
53	Irland: Shannon-Erne	12,90
54	Südafrika: Drakensberge	10,90
55	Spanien: Pyrenäenweg GR 11	12,90
56	Polen: Drawa-Kanutour	9,90
57	Kanada: Great Divide Trails	10,90
59	Kanada: Wood Buffalo NP (Kanu)	9,90
60	Kanada: Chilkoot Trail	9,90
61	Kanada: Rocky Mountains-Radt.	10,90
62	Irland: Kerry Way	12,90
63	Schweden: Dalsland-Kanal	12,90
64	England: Pennine Way	12,90
66	Alaska Highway	12,90
71	N-Spanien: Jakobsweg-Küstenweg	12,90
74	Nordirland: Coastal Ulster Way	10,90
76	Pfälzerwald-Vogesen-Weg	9,90
78	Polen: Pisa-Narew (Kanuroute)	9,90
79	Bolivien: Choro Trail	10,90
80	Peru: Inka Trail u. Region Cusco	12,90
81	Chile: Torres del Paine	12,90
82	Norwegen: Jotunheimen	12,90
83	Neuseeland: Stewart Island	9,90
84	USA: Route 66	9,90
85	Finnland: Bärenrunde	9,90
87	Montblanc-Rundweg - TMB	9,90
88	Griechenland: Trans-Kreta	12,90
89	Schweden: Skåneleden	9,90
90	Mallorca: Serra de Tramuntana	9,90
91	Italien: Trans-Apennin	9,90
92	England: Themse-Ring	9,90
93	Spanien: Sierra Nevada	12,90
95	Norwegen: Nordkap-Route	12,90
96	Polen: Czarna Hancza/Biebrza-Kanu	9,90
98	Wales: Offa's Dyke Path	9,90
107	GR 5: Genfer See - Nizza	12,90
109	Mecklenburgische Seenplatte	9,90
112	Norwegen: Telemark-Kanal	9,90
113	Thüringen: Rennsteig	9,90
114	Alpen: Dreiländerweg (CH-A-I)	9,90
115	Tschechien: Freundschaftsweg	12,90
116	Spanien: Jakobsweg - Via de la Plata	14,90
117	Schweiz: Jakobsweg	12,90
118	Rund Australien	14,90
119	Schwäb. Alb: Hauptwanderweg	12,90
121	Italien: Dolomiten-Rundweg	9,90
122	Schwarzwald-Jura-Weg	9,90
127	Uganda: Ruwenzori-Wand. (05)	12,90

128 Frankreich: Jakobsweg v. Genf... nach Saint-Jean-Pied-de-Port 14,90
132 Dem Kommissar auf der Spur - ein lit. Reiseführer zu Kriminalschauplätzen. 12,90
133 NRW: Natur und KulTour (per Rad) 12,90
134 Deutschland: Vorpommern Radtour durch die Nationalparks 9,90
135 Deutschland: Schleswig-Holstein Tour 9,90
136 Schweiz: Matterhorn - Tour du Cervin 9,90
137 Grönland: Arctic Circle Trail 12,90
139 Belgien: Jakobsweg - Via Mosana 9,90
140 Italien: Alpiner Wanderweg Friaul 12,90
141 Nordspanien: Jakobsweg Alternativroute 12,90
142 Jakobsweg Tillyschanz-Konstanz 9,90
144 Kanada: East Coast Trail 9,90
145 Rund Bornholm zu Fuß u. p. Rad (06) 9,90
146 Tschechien: Isergebirge 12,90
147 NRW: Jakobsweg 12,90
149 Norsp. Jakobsweg Tunnel v. San Adrian 9,90
150 England: Cleveland Way 9,90
151 Kirgistan: Trekking im Tienschan 12,90
152 Nepal: Langtang, Gosaikund u. Helambu 12,90
154 Deutschland: Rothaarsteig 9,90
155 Odenwald-Scharzwald-Weg (06) 9,90
156 Südafrika: Wild Coast Trail 9,90
157 Österreich: Jakobsweg 14,90
159 Sächsische Schweiz Trekkingt. 9,90
160 Brandenburg: Wochenendtouren rund um Berlin 9,90
161 Italien: Ligurischer Höhenweg 12,90
162 Frankr.: Jakobsweg - Via Tolosana 12,90
163 Harz: Hexenstieg 9,90
164 Teutoburger Wald: Hermannsweg 9,90
166 Frankreich Jakobsweg: Via Lemovicensis 12,90
167 Niederl.: Nordseeküstenradweg 12,90
171 Türkei: Lykischer Weg 9,90

OutdoorHandbücher - Fernweh-Schmöker

Band		€
46	Blockhüttentagebuch (R. Höh)	12,90
47	Floßfahrt nach Alaska (R. Höh)	10,90
75	Auf nach Down Under (Australien)	7,90
105	Südsee-Trauminsel (Tom Neale)	9,90
110	Huskygesang - Hundeschlittenf.	7,90
111	Liebe - Schnaps - Tod (Thailand)	7,90
123	Pacific Crest Trail (USA)	9,90
124	Zwei Greenhorns in Alaska	6,90
125	Auf dem Weg zu Jakob	9,90
126	Kilimanjaro-Lesebuch	7,90
130	1000 Tage Wohnmobil	12,90
153	Jakobsweg - Lesebuch	7,90
158	Inselfieber	9,90
182	Als Frau allein auf der Via de la Plata	7,90

ReiseHandbücher

Äthiopien	22,90
Antarktis	24,90
Grönland	14,90
Iran	22,90
Kiel	9,90
Kiel von oben - Luftbildband	9,90
Kurs Nord	24,90
Libyen	22,90
Rumänien	14,90
Schweiz	18,90
Sibirien	22,90
Spitzbergen-Handbuch	22,90
Tansania / Sansibar	19,90

Band		€
1	Oh, dieses Dänisch	4,90
2	Oh, dieses Schwedisch	4,90
3	Oh, dieses Spanisch	4,90
4	Oh, dieses Englisch	4,90
5	Oh, dieses Französisch	4,90
6	Oh. dieses Russisch	4,90
7	Oh, dieses Norwegisch	4,90
8	Oh, dieses Niederländisch	4,90
9	Oh, dieses Chinesisch	4,90

☺ Weitere Bücher in Vorbereitung.
Fordern Sie unseren aktuellen Verlagsprospekt an:

Conrad Stein Verlag GmbH
Postfach 1233
59512 Welver
☏ 02384/963912 FAX 963913
www.conrad-stein-verlag.de
info@conrad-stein-verlag.de

Updates, das aktuelle Verlagsprogramm und weitere interessante Informationen zu unseren Büchern finden Sie auch auf unserer Homepage